COLORING BOOK FOR ALL AGES; BUTTERFLIES

By
IGORIA GALAXY

"Butterflies are God's confetti, thrown upon the Earth in celebration of His love"

K. D'Angelo

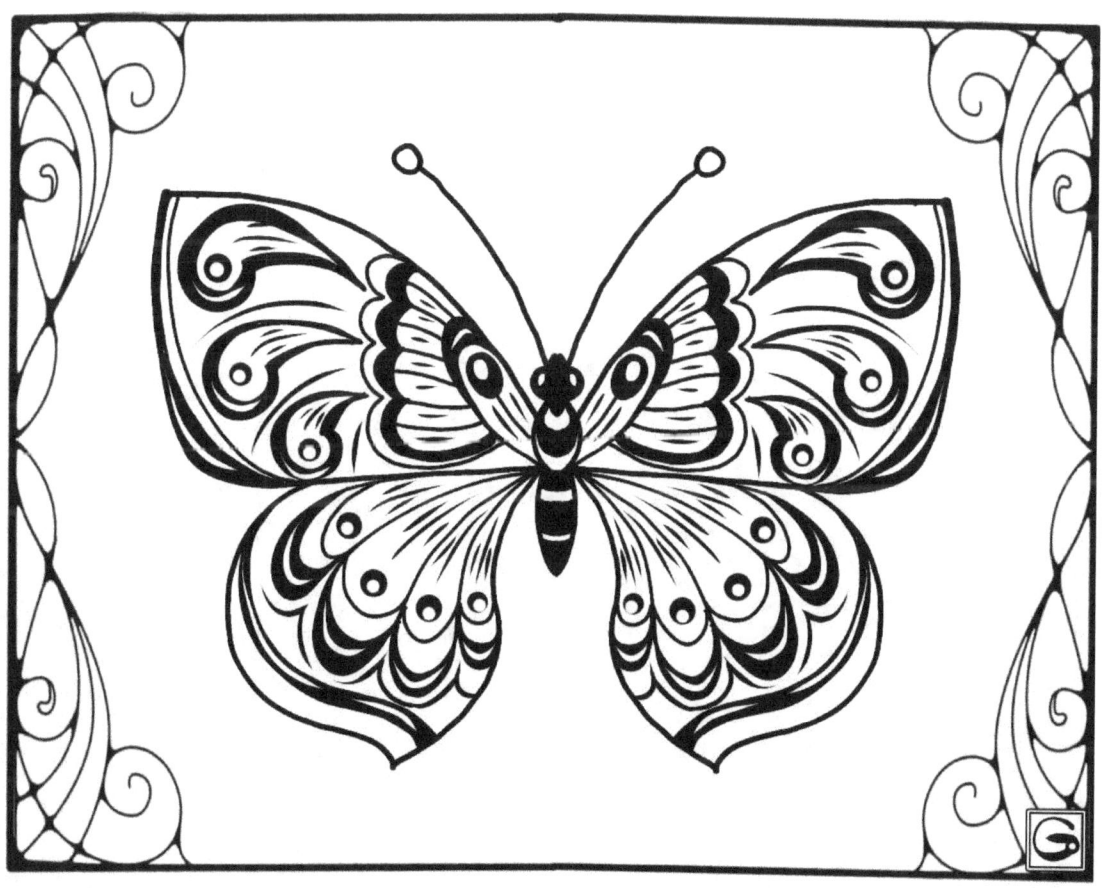

WWW.IGORIAGALAXY.COM

www.igoriagalaxy.com

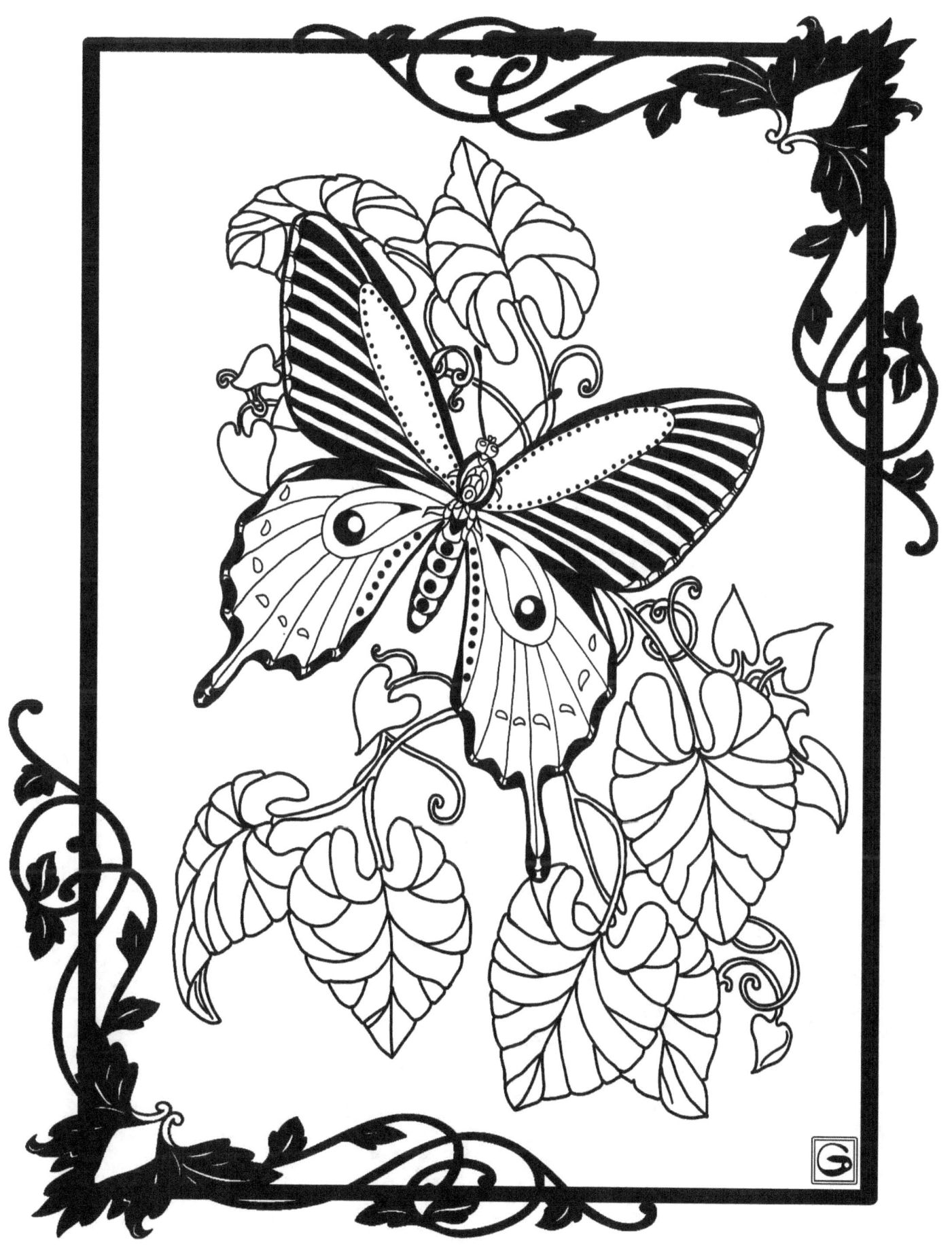

www.igoriagalaxy.com

www.igoriagalaxy.com

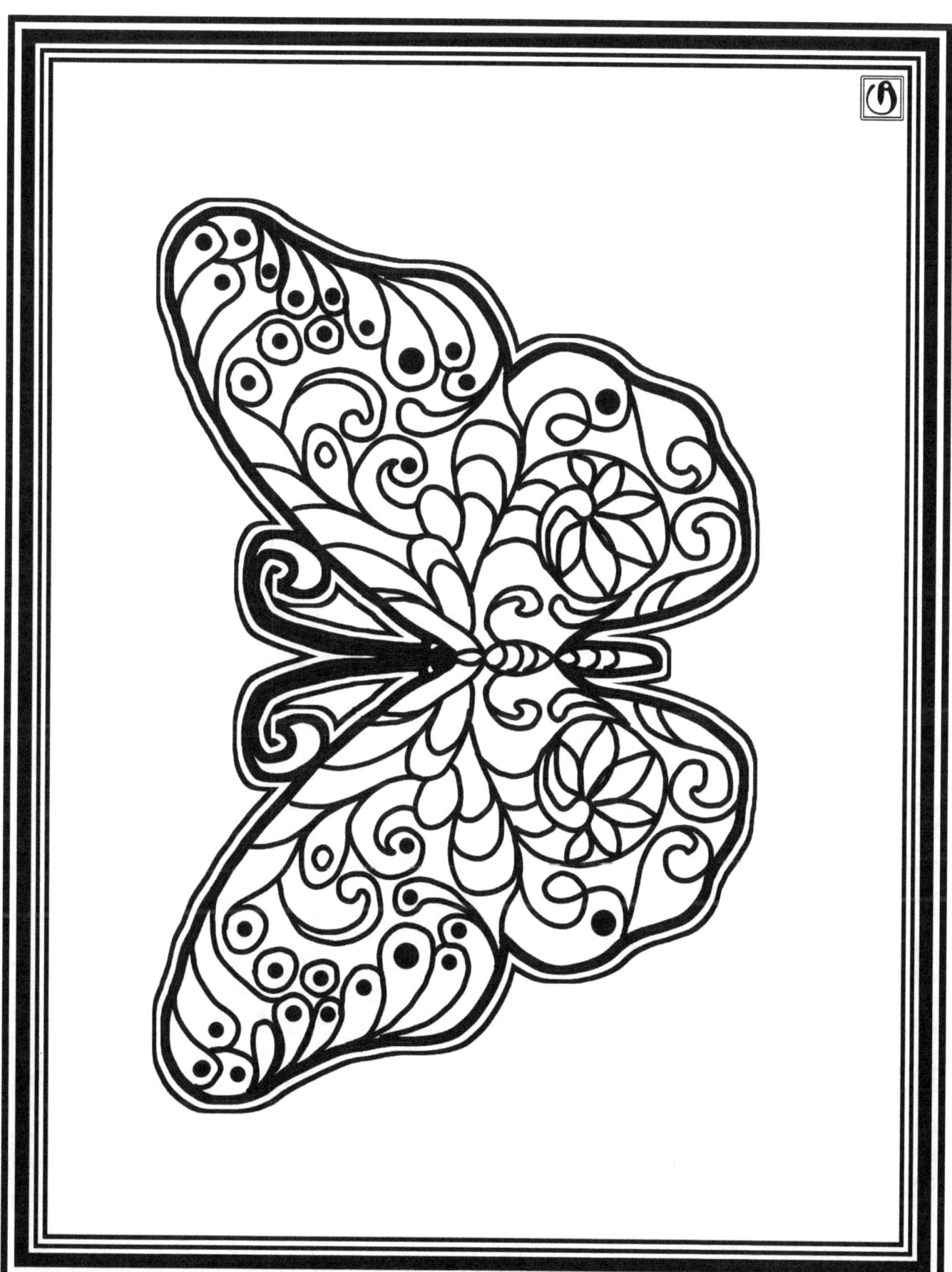

www.igoriagalaxy.com

www.igoriagalaxy.com

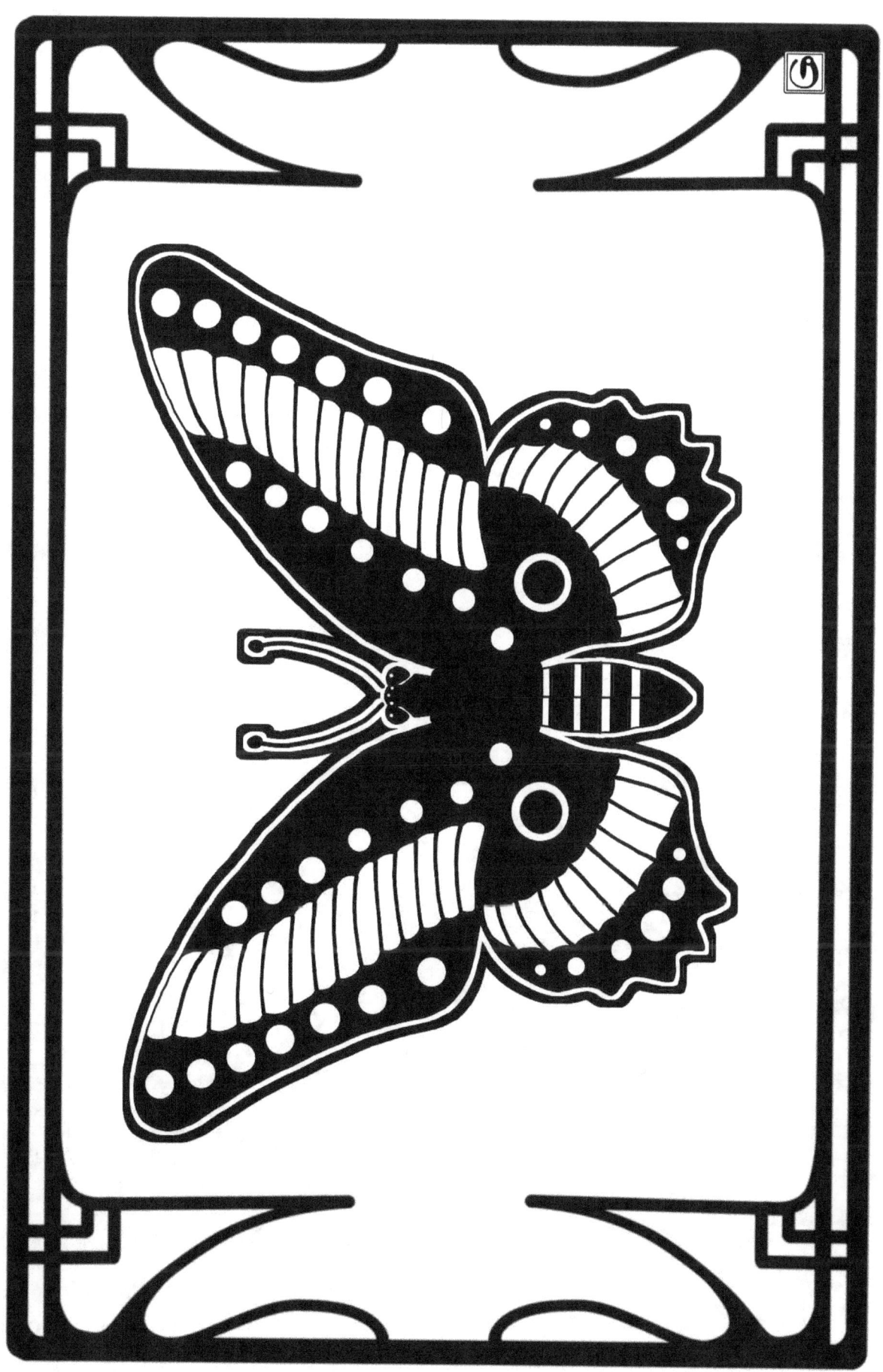

www.igoriagalaxy.com

www.igoriagalaxy.com

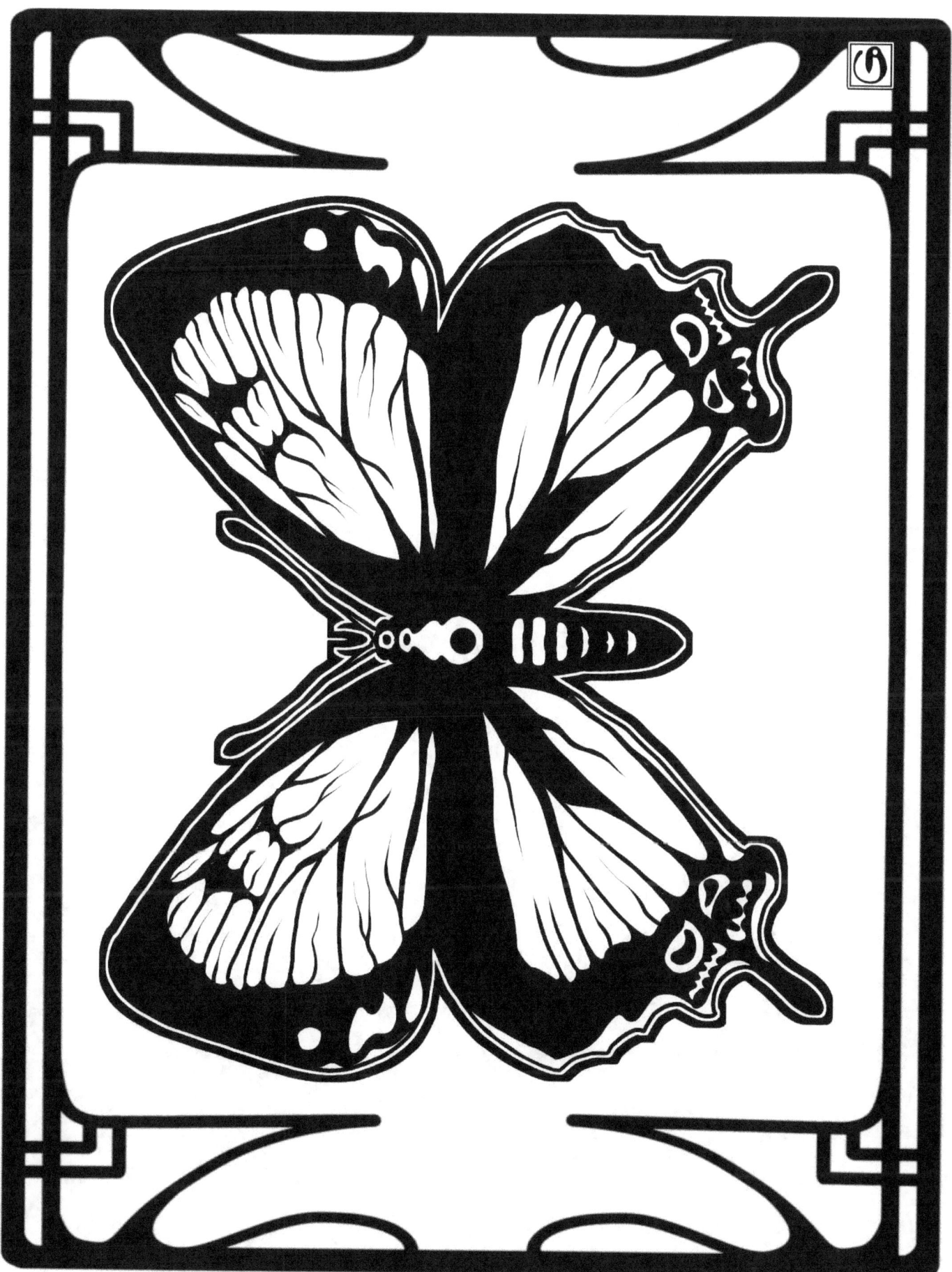

www.igoriagalaxy.com

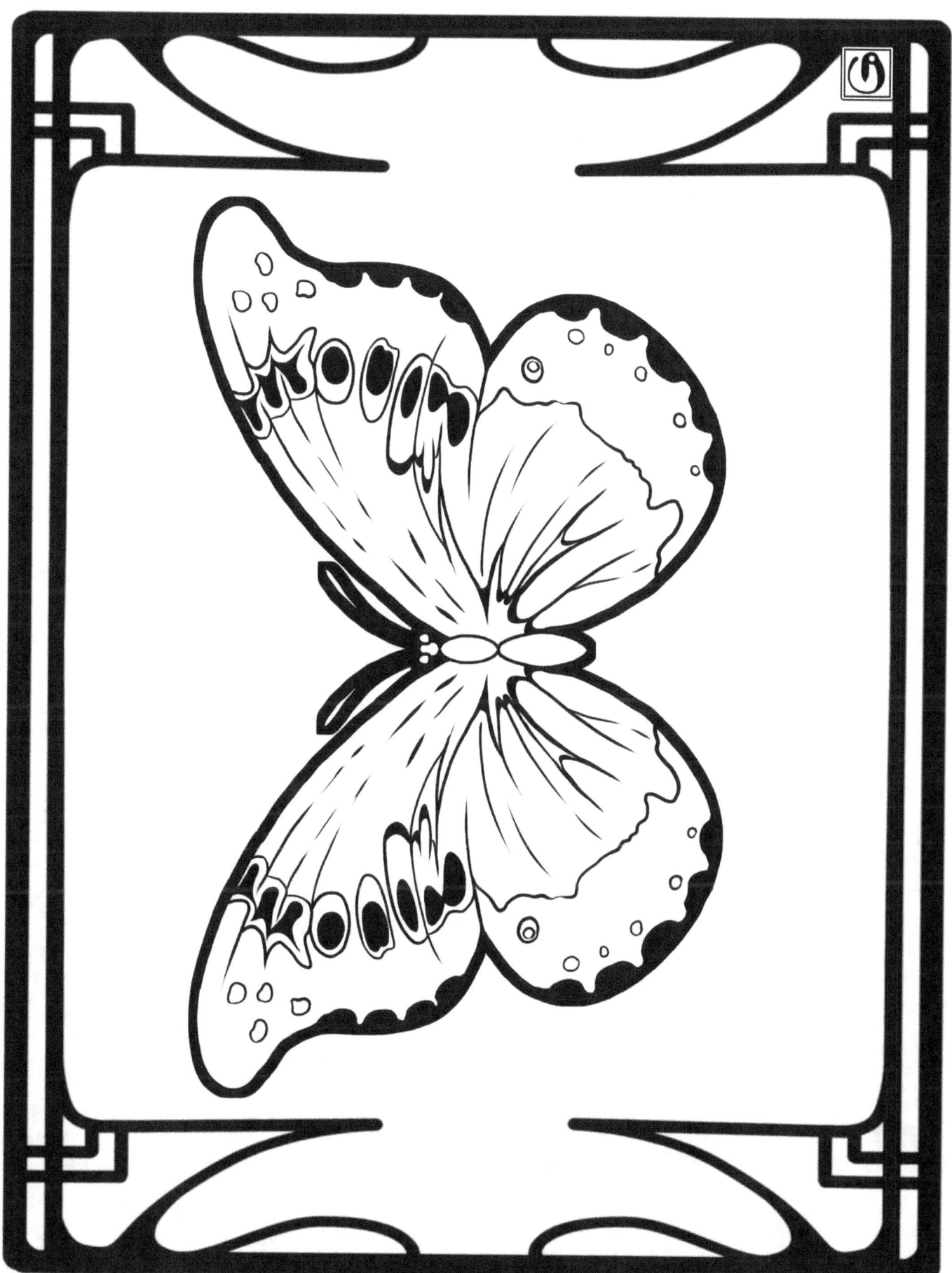

www.igoriagalaxy.com

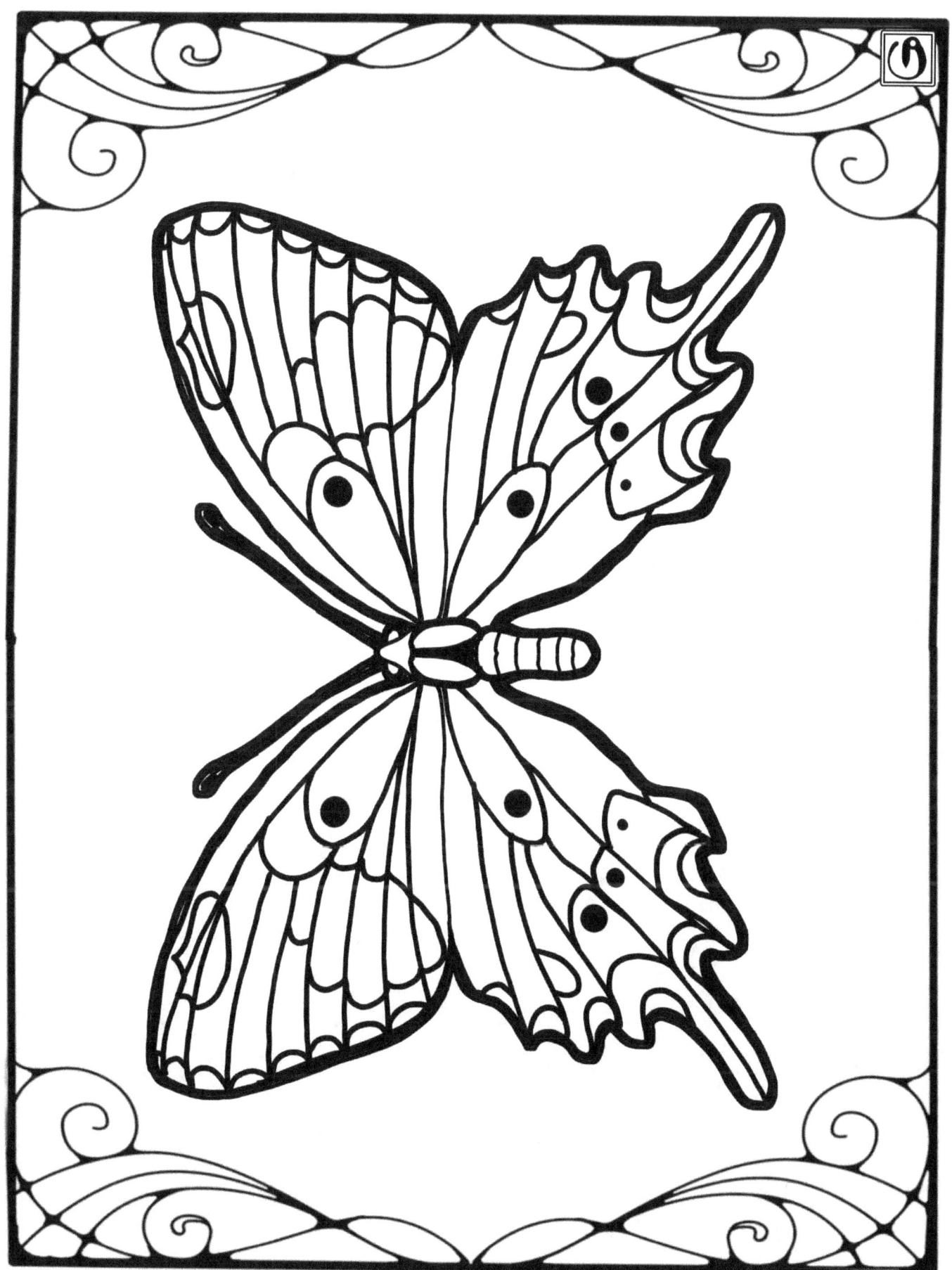

www.igoriagalaxy.com

www.igoriagalaxy.com

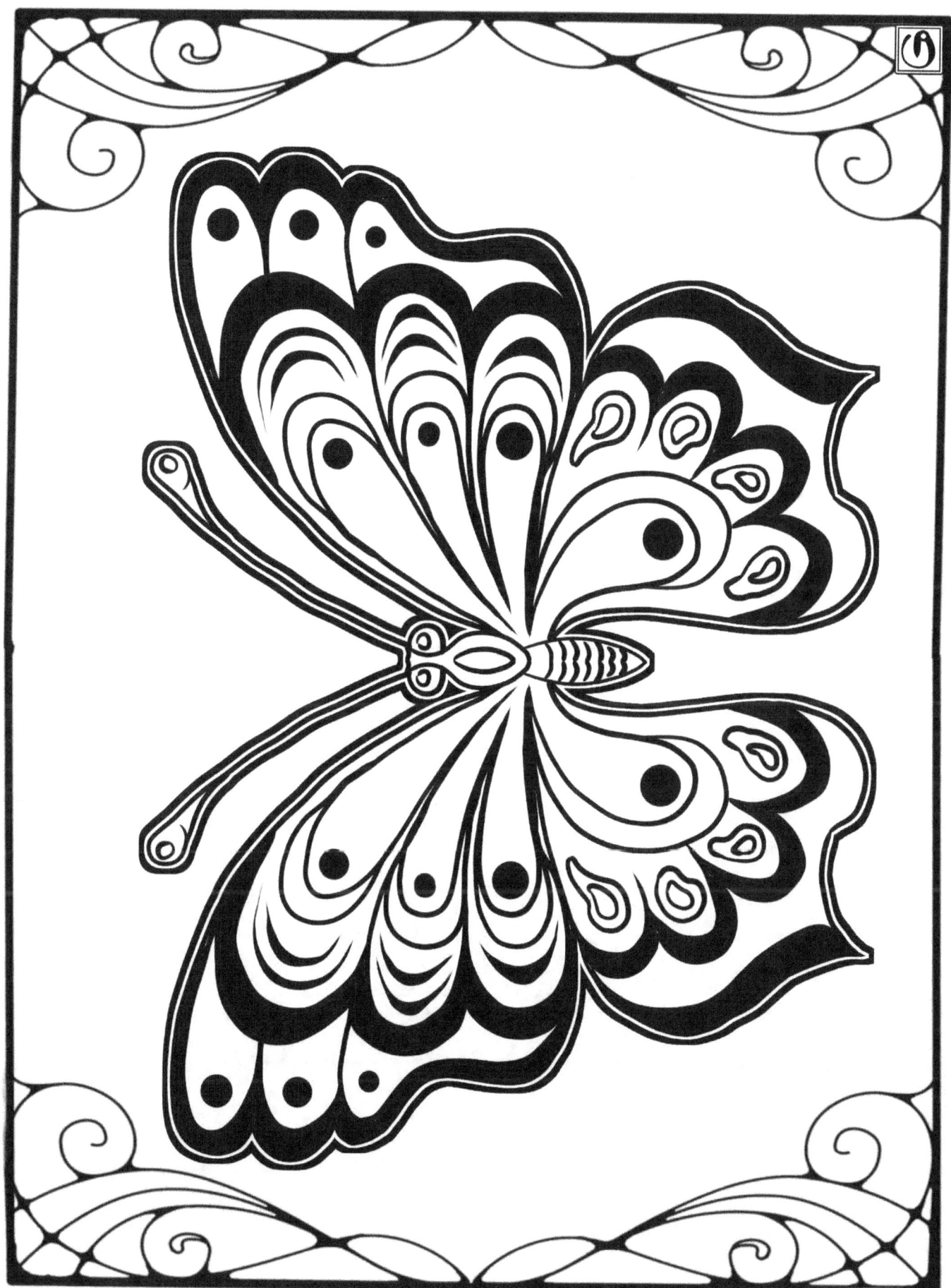

www.igoriagalaxy.com

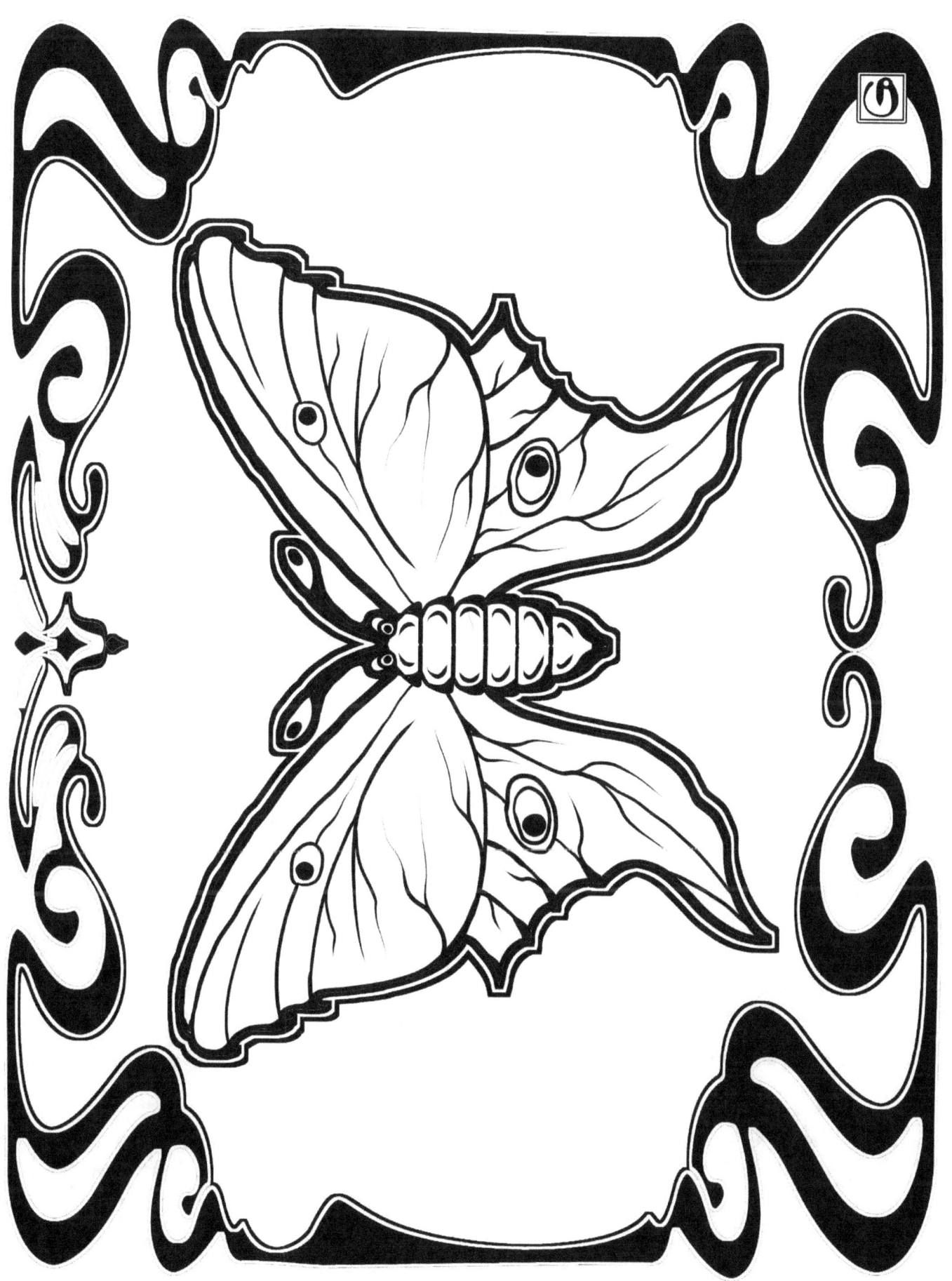

www.igoriagalaxy.com

www.igoriagalaxy.com

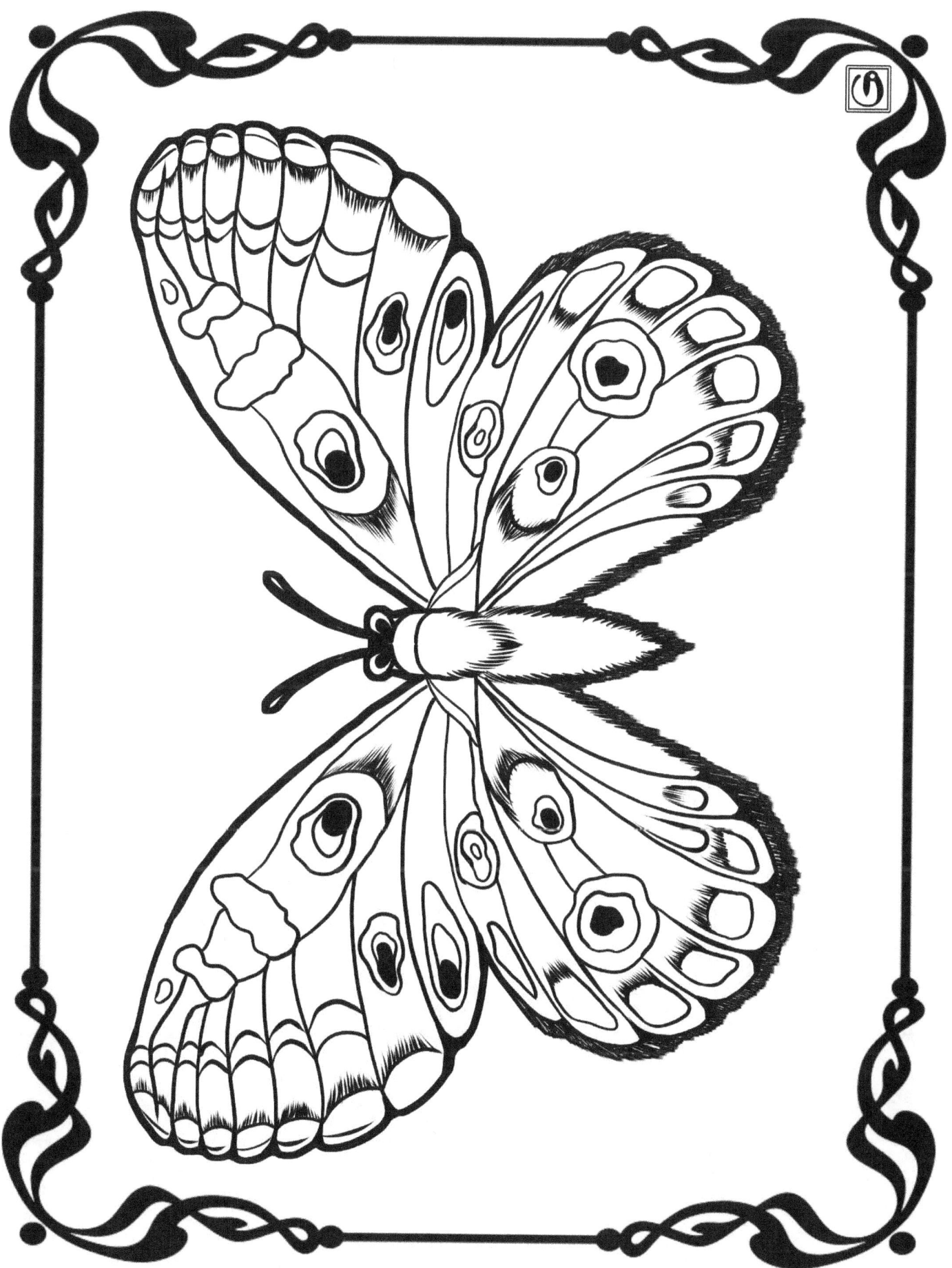

www.igoriagalaxy.com

www.igoriagalaxy.com

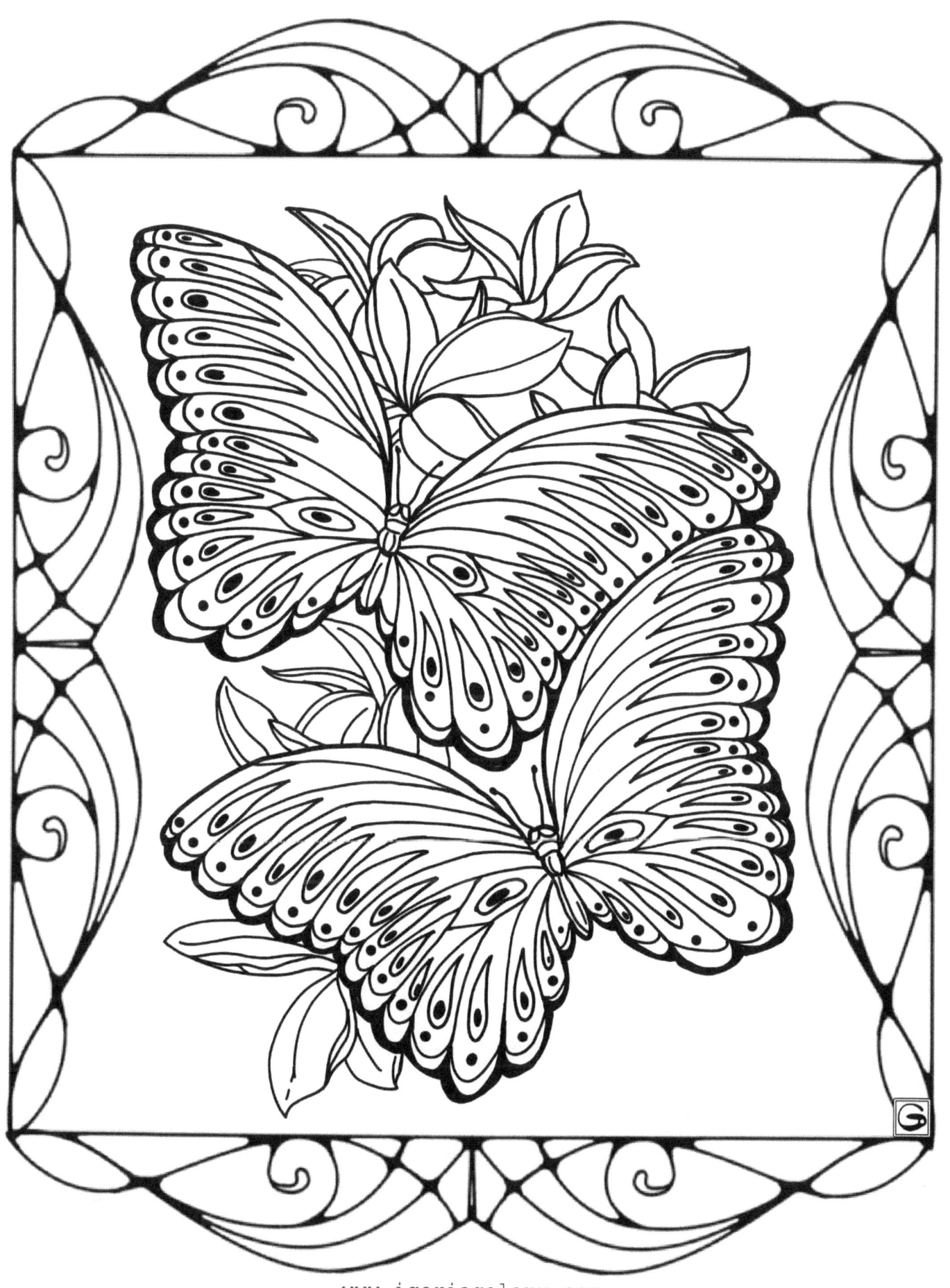

www.igoriagalaxy.com

www.igoriagalaxy.com

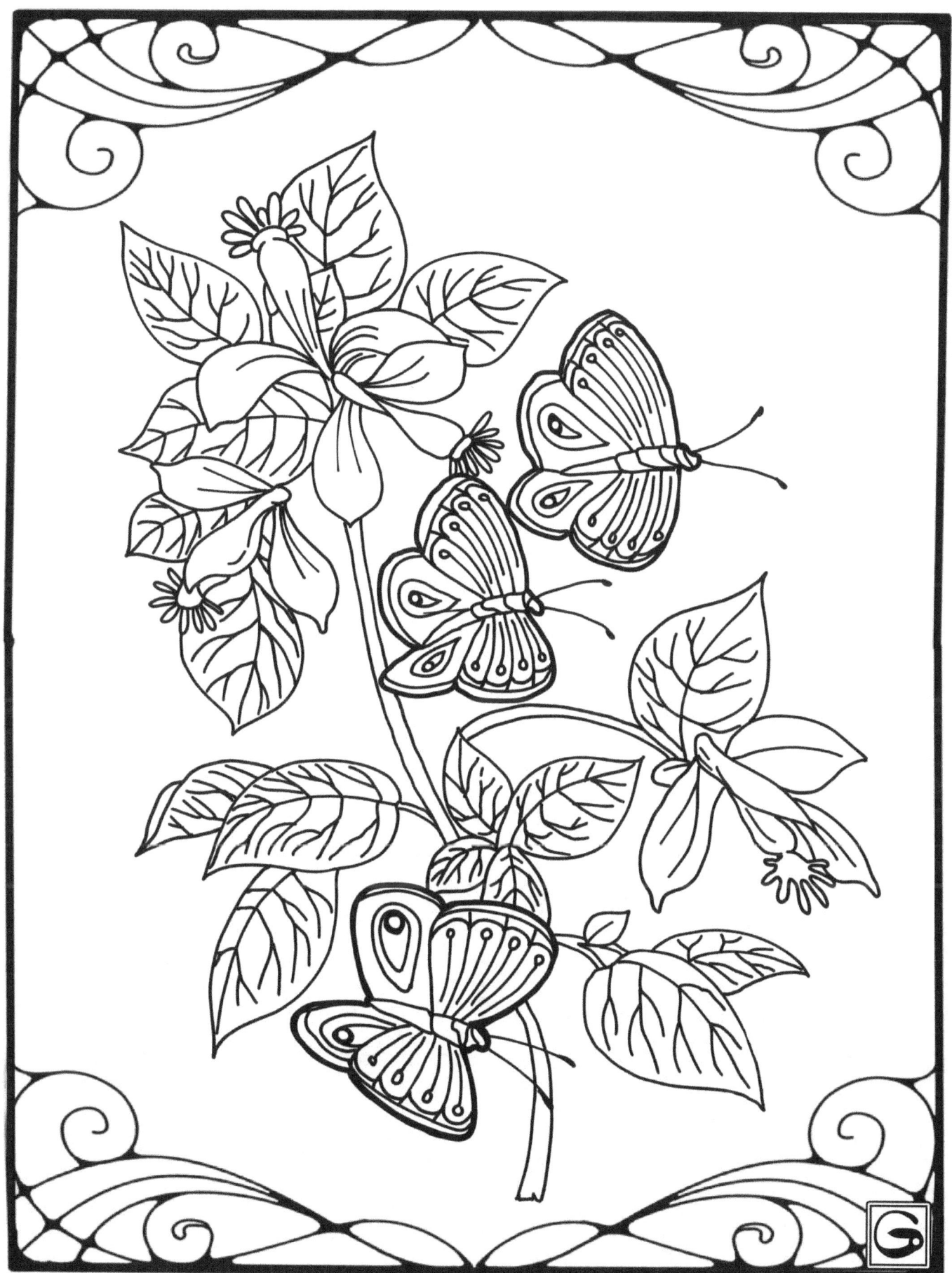

www.igoriagalaxy.com

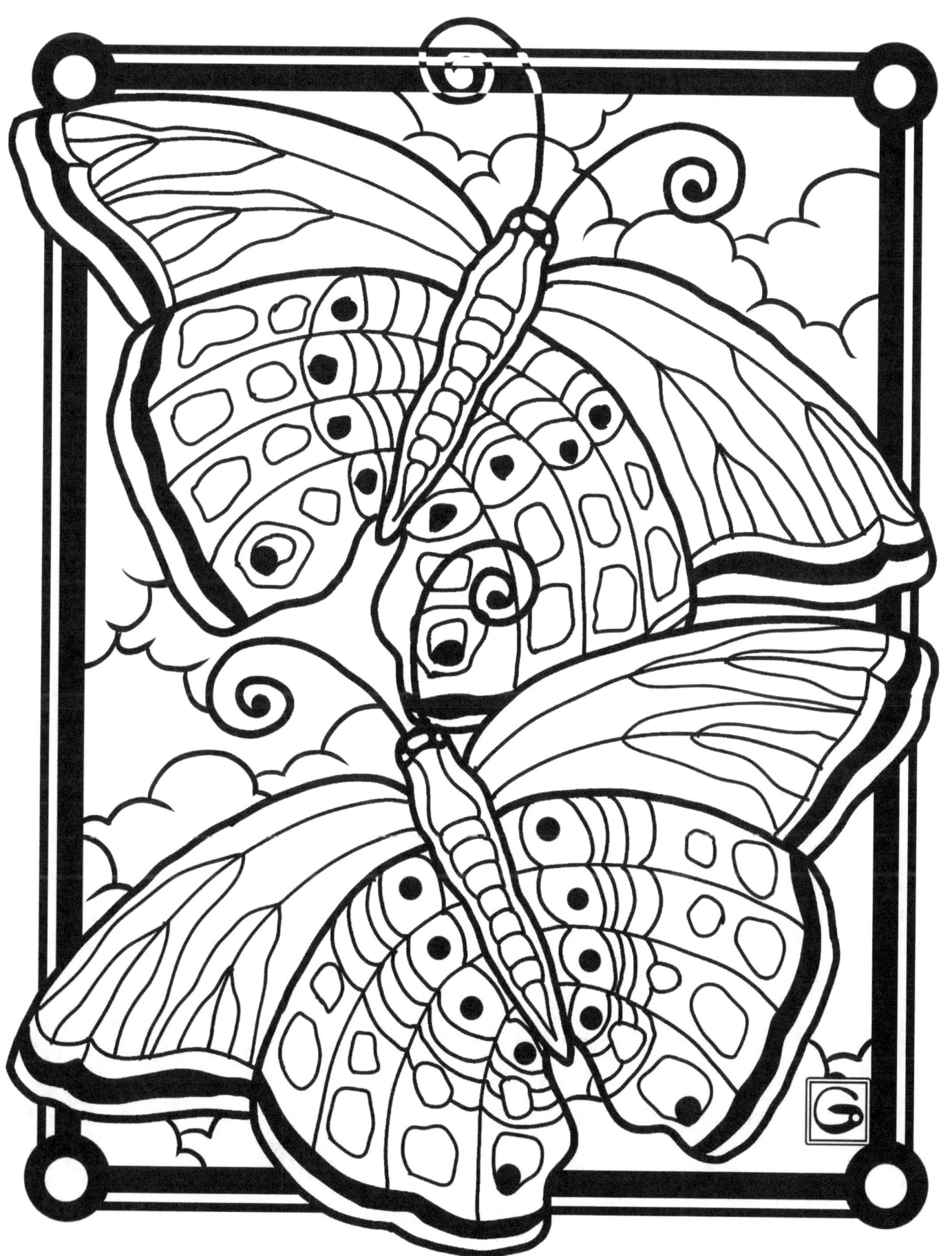

www.igoriagalaxy.com

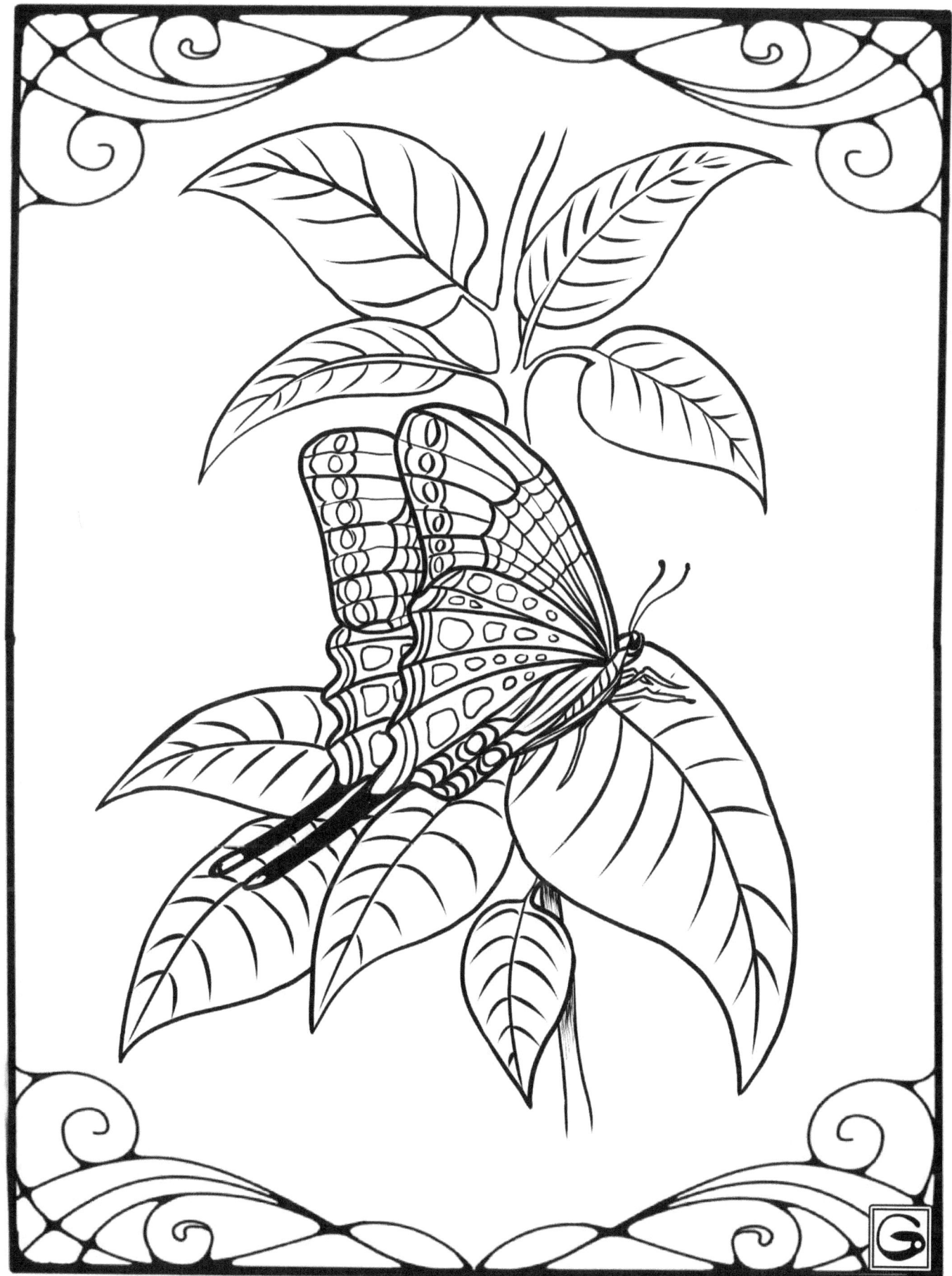

www.igoriagalaxy.com

www.igoriagalaxy.com

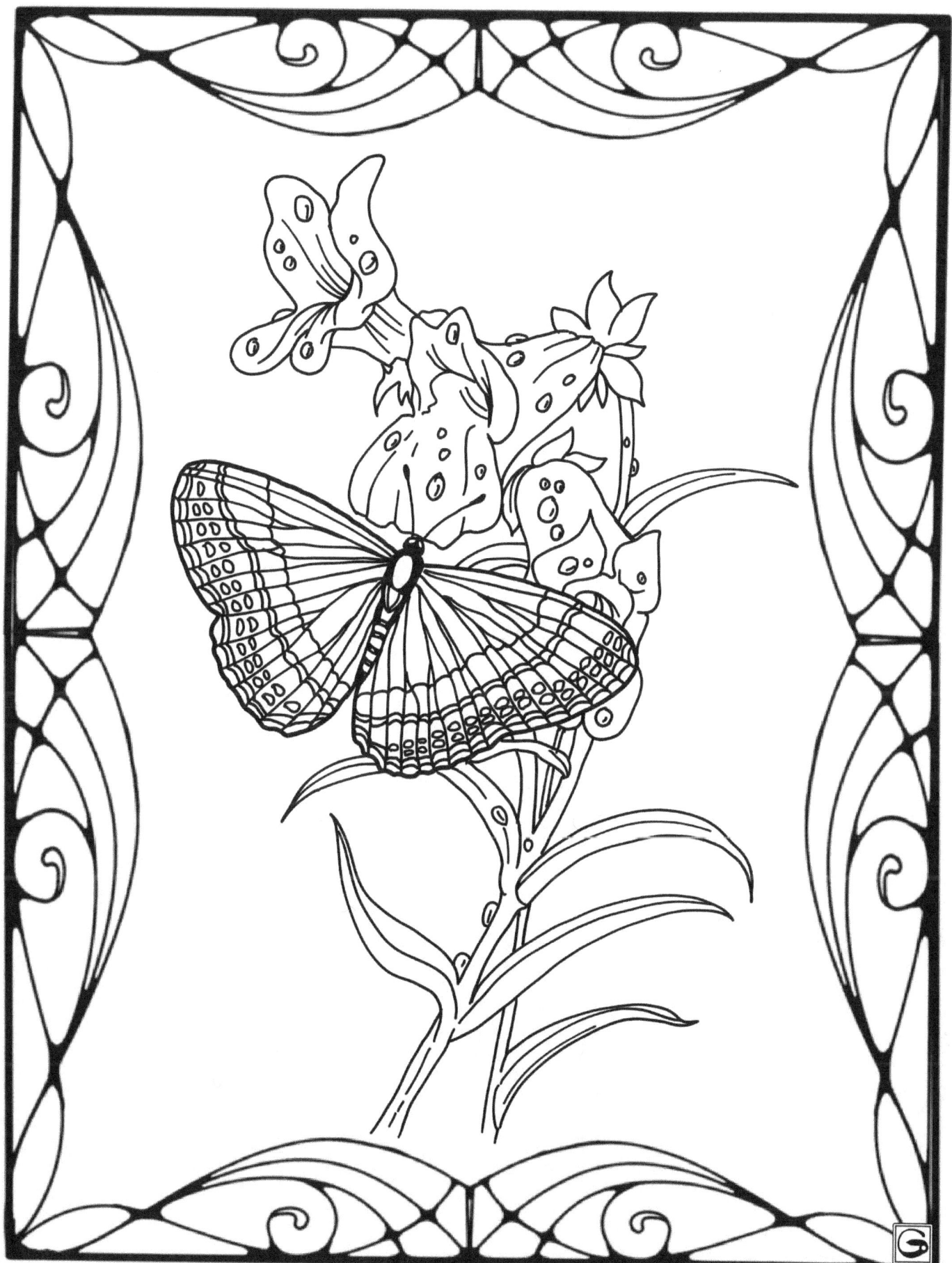

www.igoriagalaxy.com

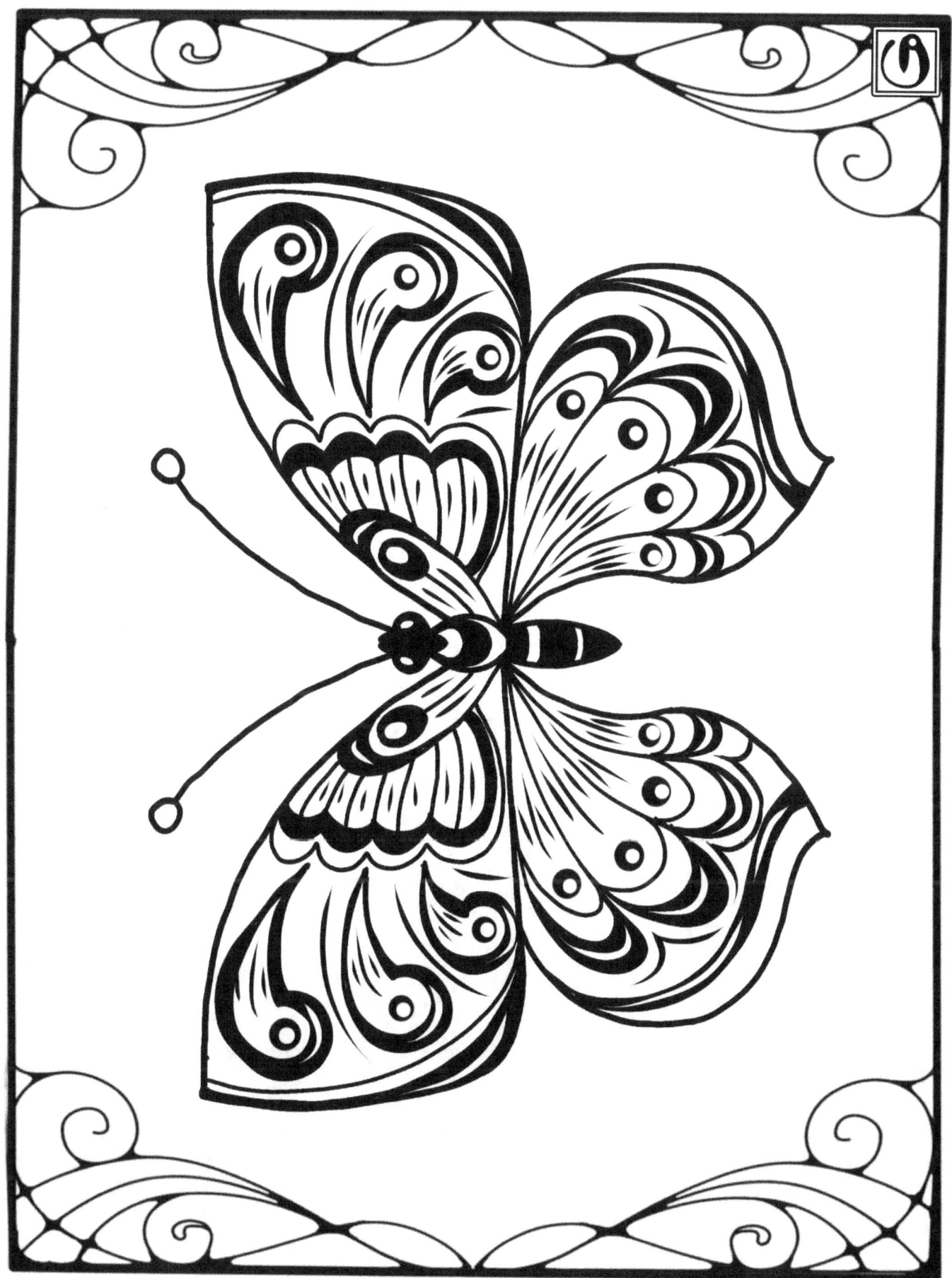

www.igoriagalaxy.com

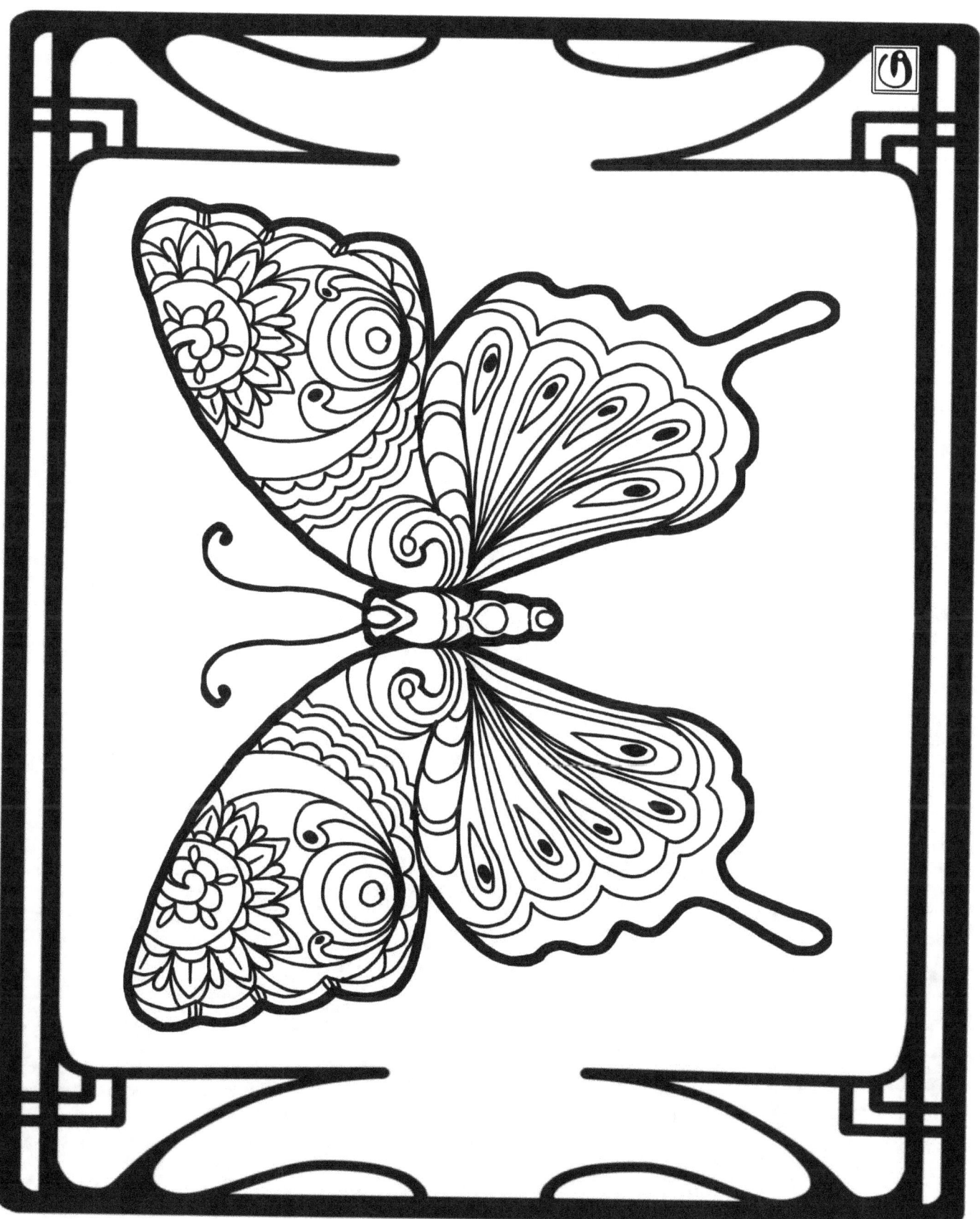

www.igoriagalaxy.com

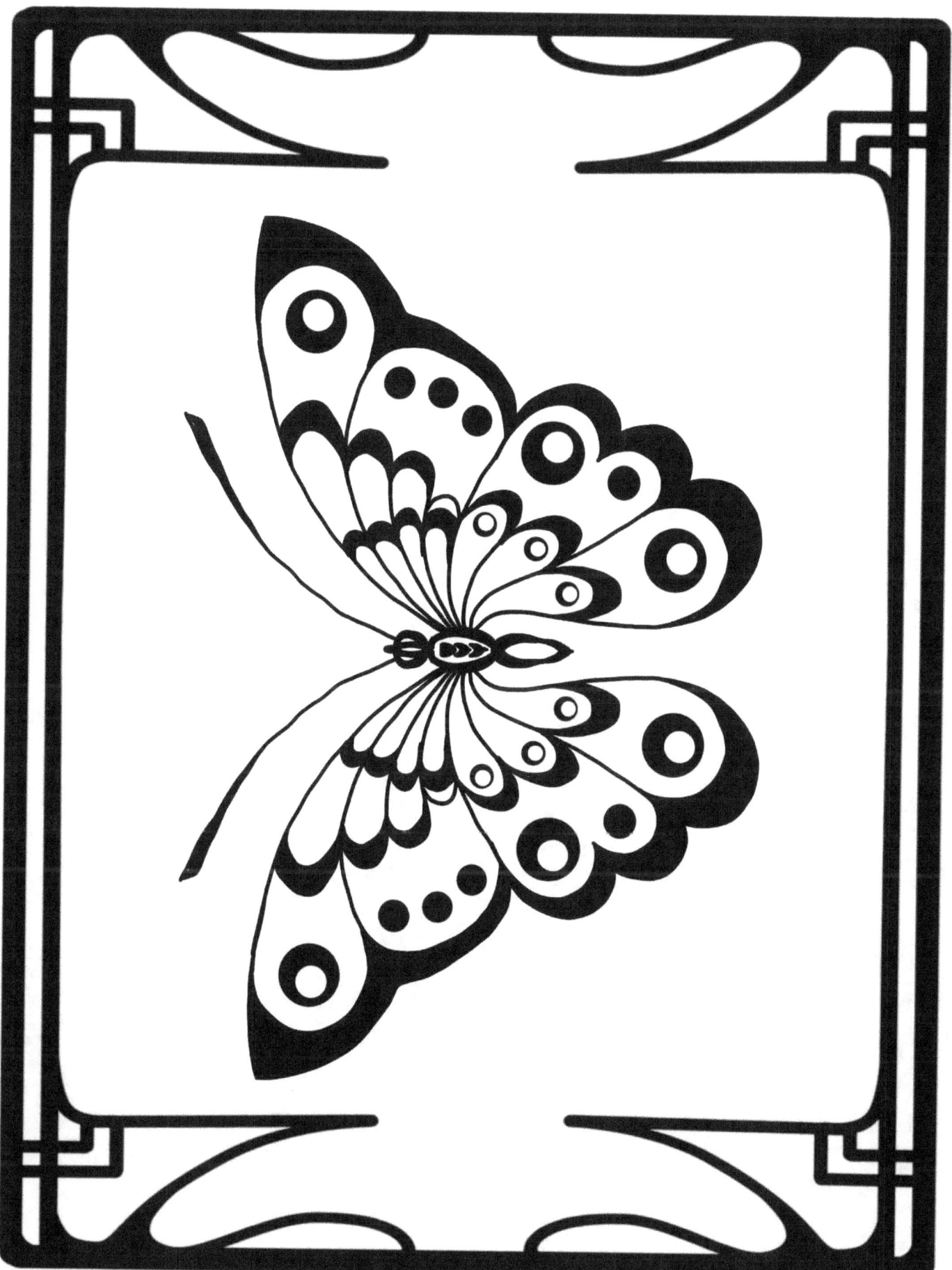

www.igoriagalaxy.com

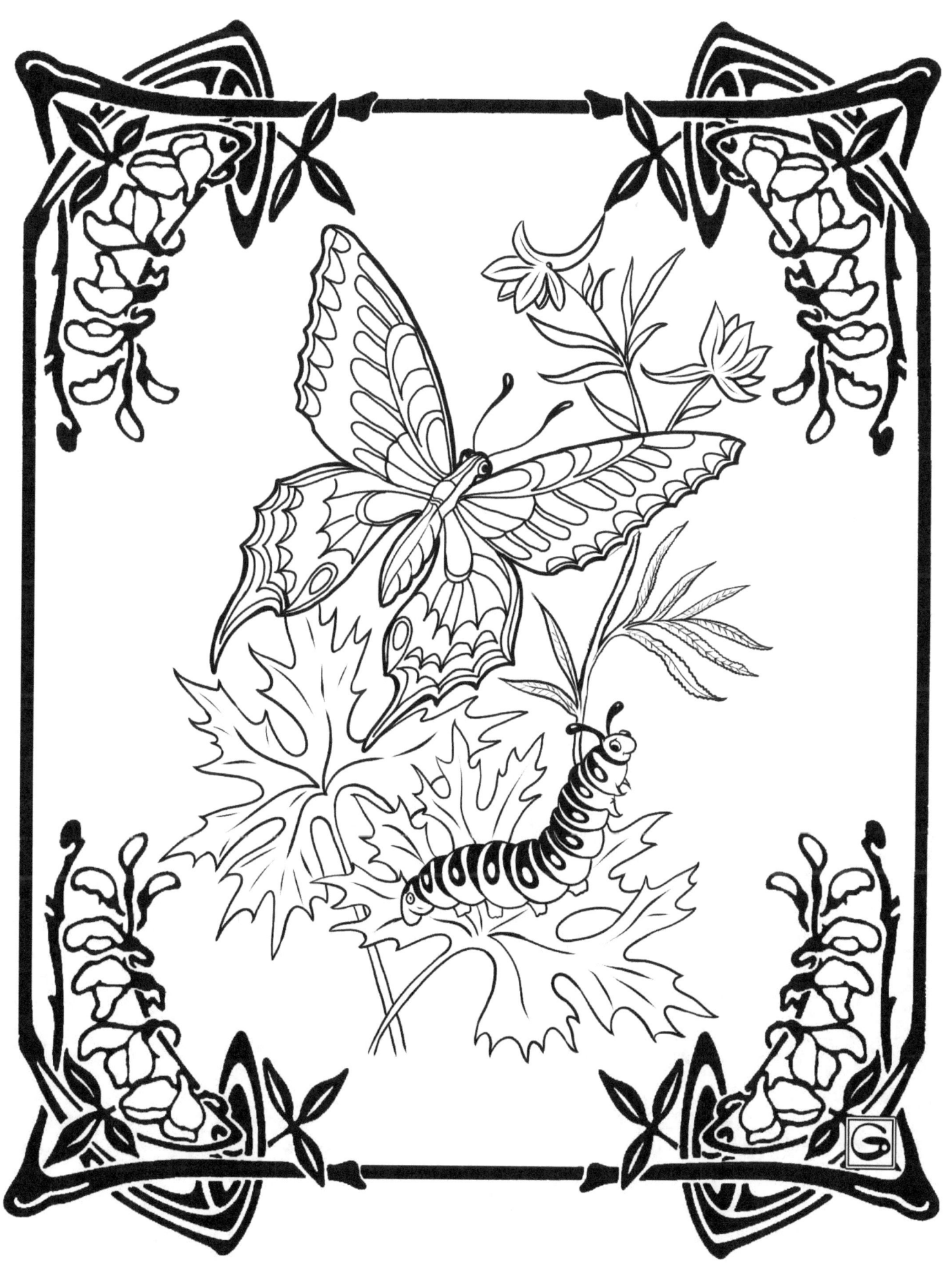

www.igoriagalaxy.com

www.igoriagalaxy.com

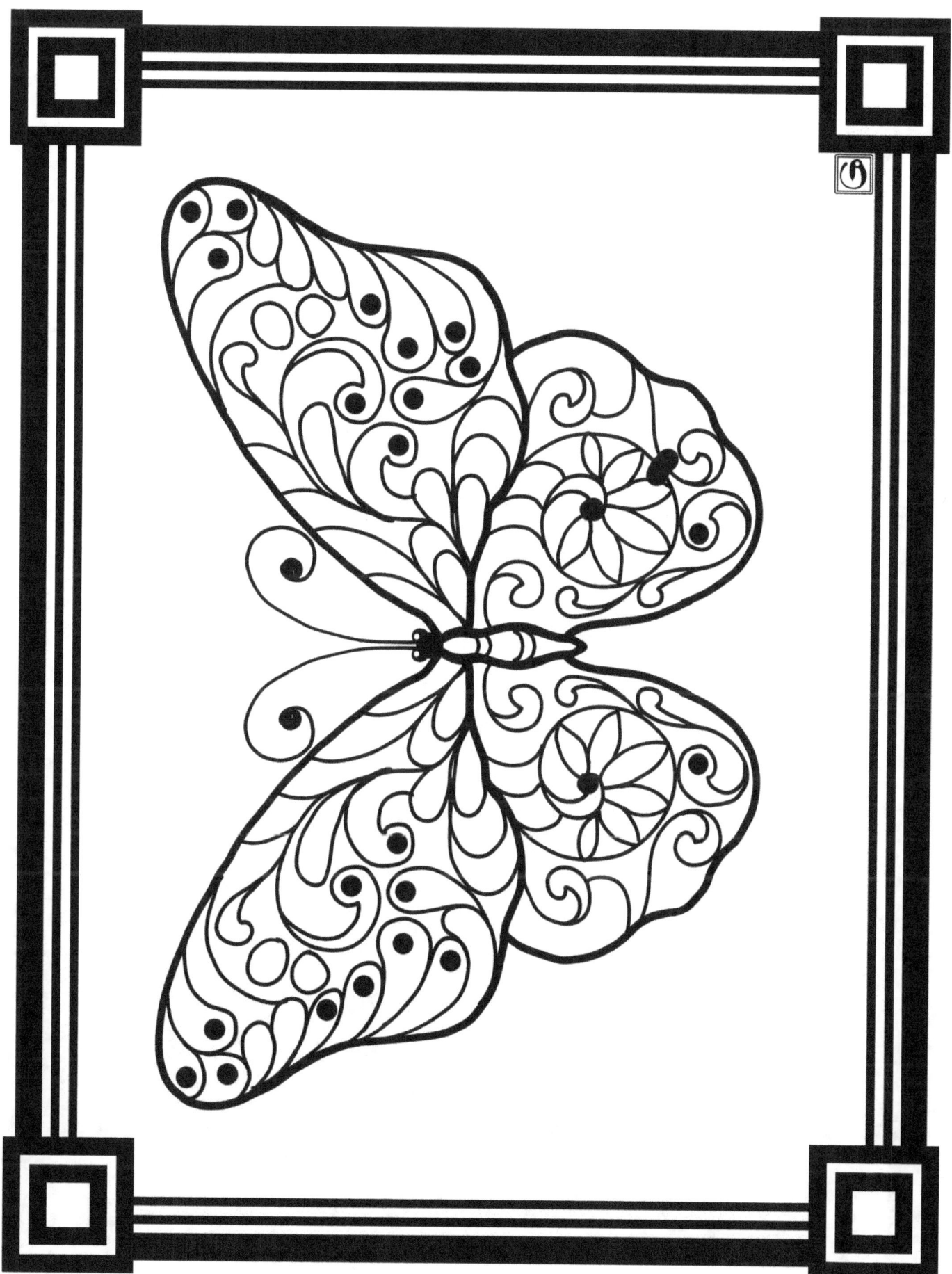

www.igoriagalaxy.com

www.igoriagalaxy.com

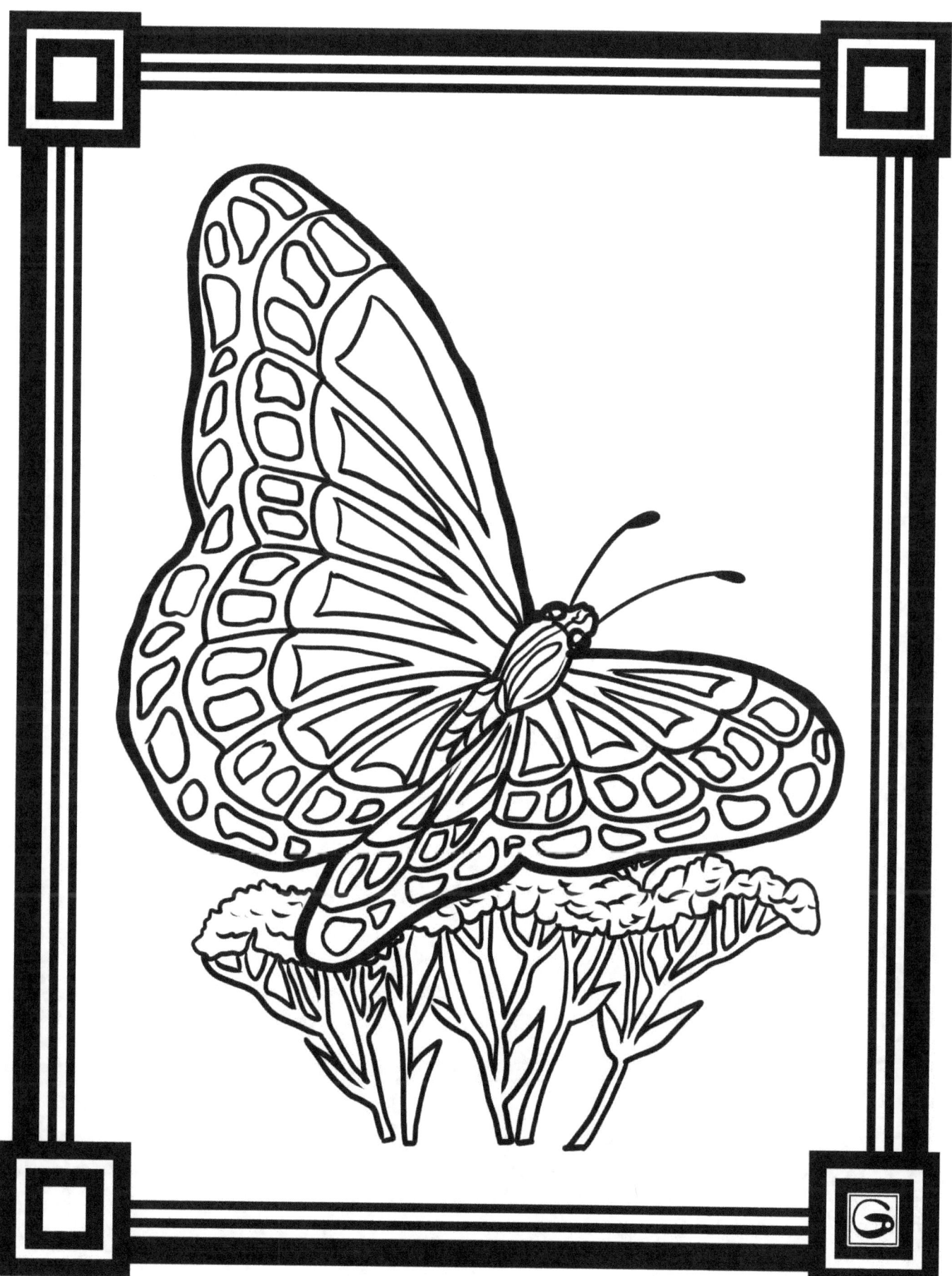

www.igoriagalaxy.com

www.igoriagalaxy.com

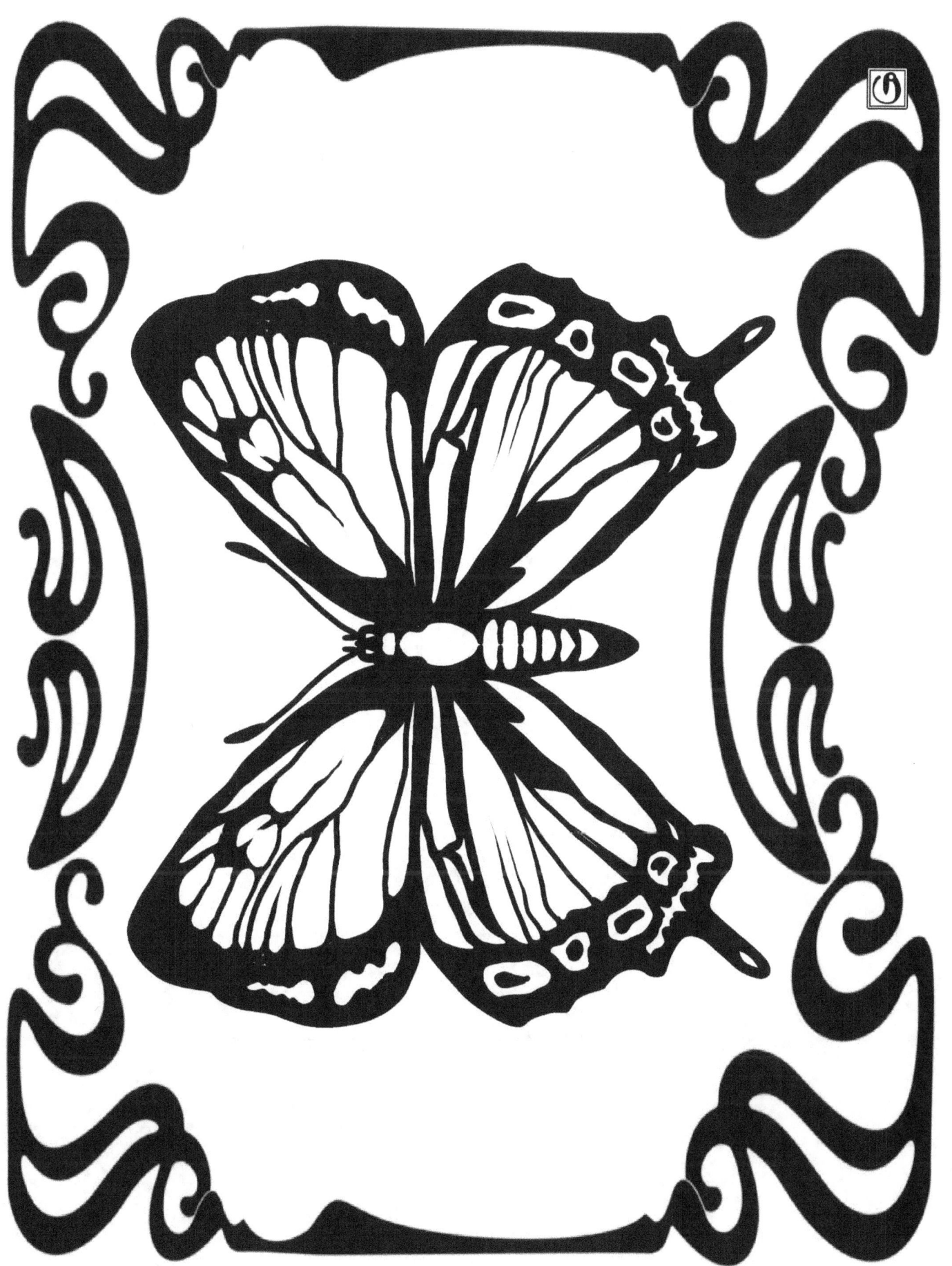

www.igoriagalaxy.com

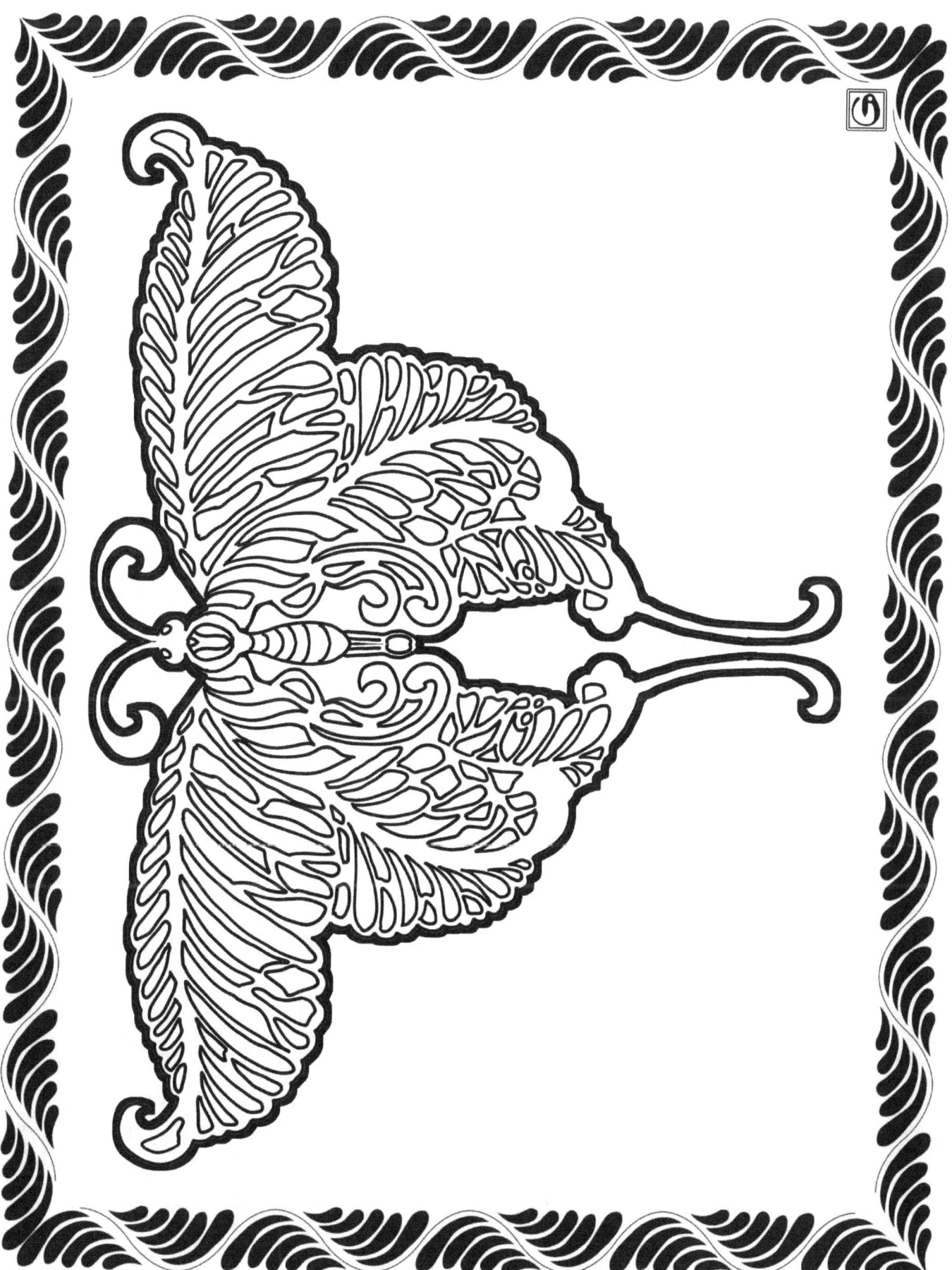

www.igoriagalaxy.com

www.igoriagalaxy.com

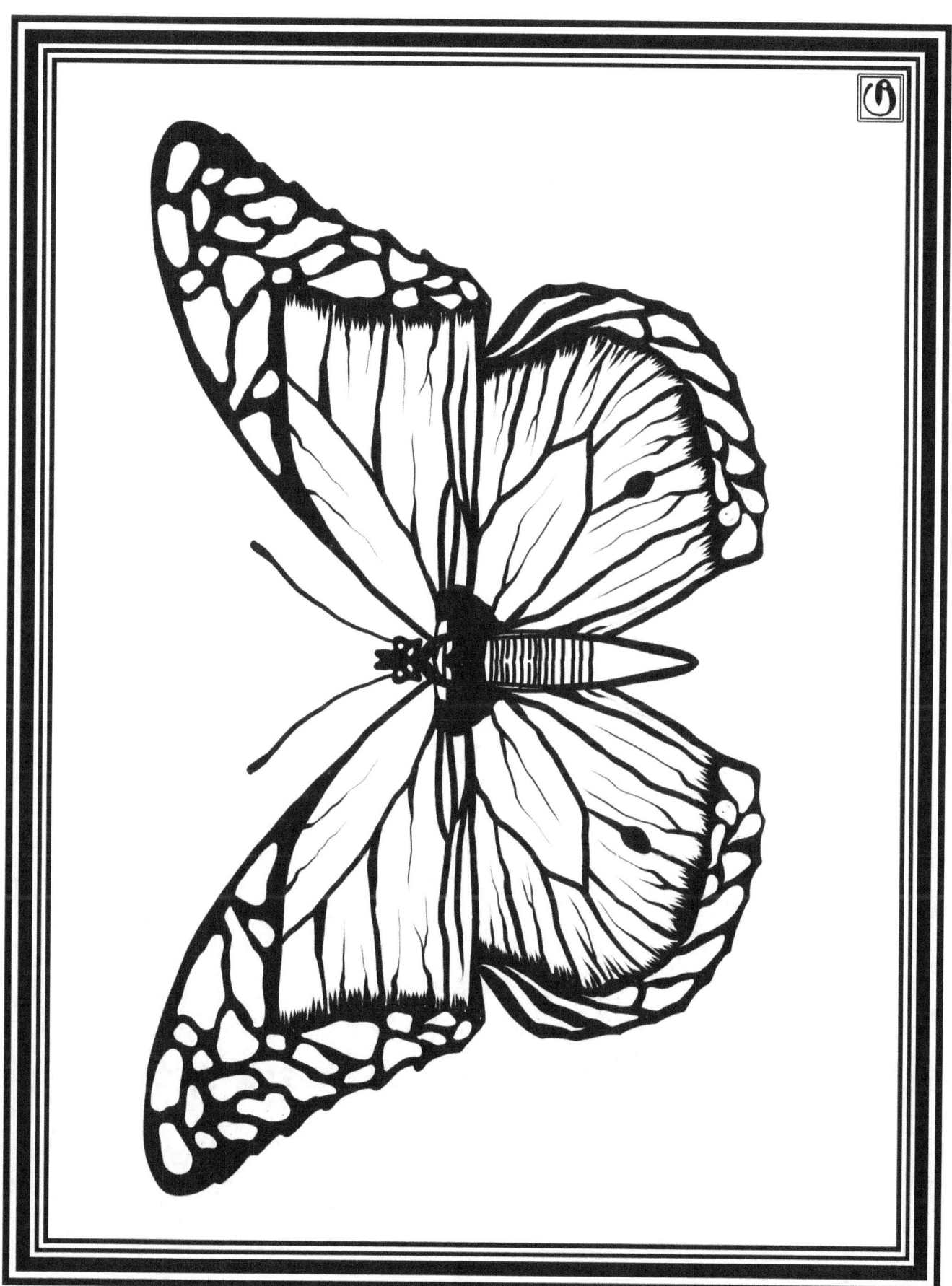

www.igoriagalaxy.com

www.igoriagalaxy.com

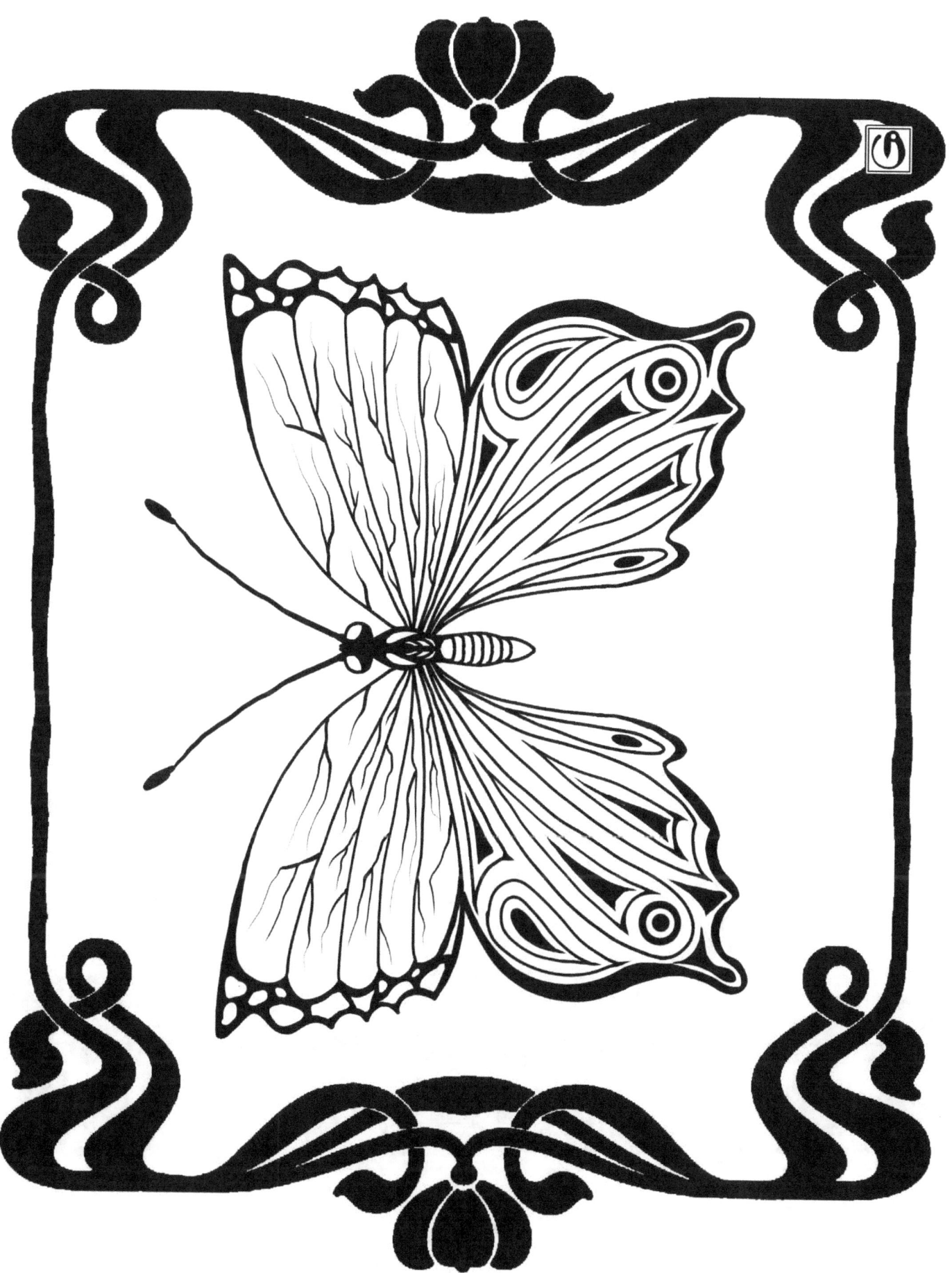

www.igoriagalaxy.com

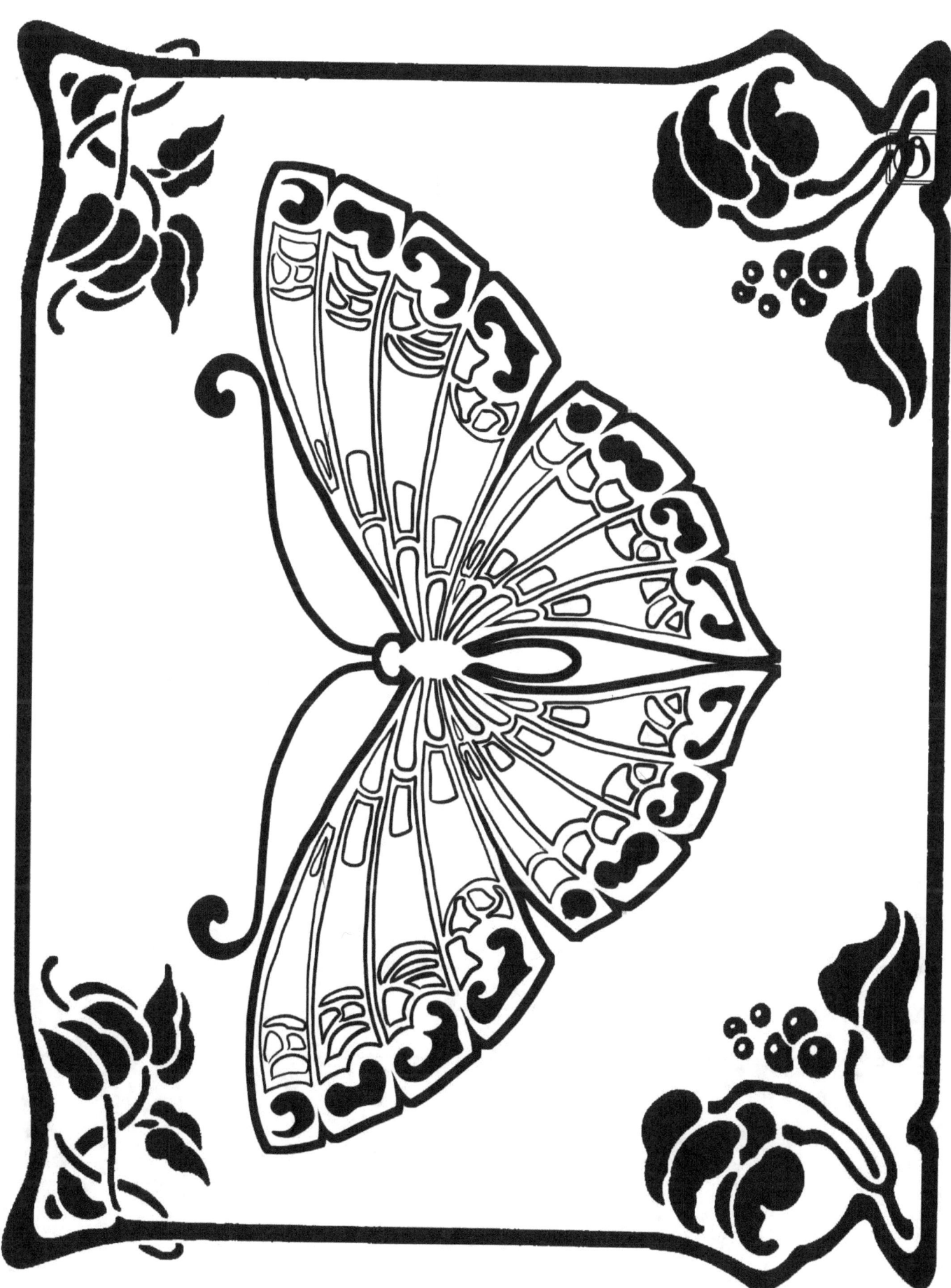

www.igoriagalaxy.com